CONFÉRENCE

SUR LE

Moderne ❖ ❖ Spiritualisme

FAITE A ALGER

PAR

Mme la Générale CARMENCITA NOEL

Ce que l'on sait, il faut le savoir
l'Epée à la main.

INGRES.

PRIX : 1 fr. 50

PARIS

EN DÉPOT : CHEZ CHAMUEL, ÉDITEUR

5, RUE DE SAVOIE, 5

1900

CONFÉRENCE

SUR LE

Moderne Spiritualisme

CONFÉRENCE

SUR LE

Moderne ❖ ❖
Spiritualisme

FAITE A ALGER

PAR

Mme la Générale CARMENCITA NOËL,

> Ce que l'on sait, il faut le savoir
> l'Epée à la main.
>
> INGRES.

PRIX : 1 fr. 50

PARIS

EN DÉPOT : CHEZ CHAMUEL, ÉDITEUR

5, RUE DE SAVOIE, 5

—

1900

CONFÉRENCE

SUR LE

Moderne Spiritualisme

———

Jeune Algérie !

Oui ! C'est bien à toi que je m'adresse !

Doux pays !

Pays de notre naissance ou de notre adoption, tu possèdes le don fatal de la *beauté !* En te voyant, si gracieuse et si fière, les sages vieillards ne peuvent s'empêcher de t'admirer ! mais ils soupirent aussi ! car ils savent que, nouvelle Hélène, tu portes parfois dans les plis flottants de ton voile le germe des Discordes !

Tu n'en es pas moins la fille aînée de notre France ! Son sang généreux coule dans tes veines. Élevée sous d'autres cieux, tu peux, quelquefois, ne point partager ses idées; mais viennent les moments difficiles, tu sauras prouver à la belle France que tu es tout à elle, comme toujours elle a été et sera tout à toi !! *Matre pulchrâ, filia pulchrior !*

Si une pareille citation nous faisait accuser de partialité, nous répondrions que l'Algérie, de par sa constitution, de par le mélange de ses races, de par son enfance batailleuse (car elle est née, comme Minerve, le casque en tête!), que la jeune Algérie, disons-nous, a échappé presque complètement au plus grand défaut de sa mère! Elle n'est pas entachée de cet esprit de routine qui nous a fait, dans la mère-patrie, commettre tant et tant de fautes!!

Par la force des choses, la belle fille aime le nouveau et l'imprévu!

Ce terrible esprit provincial, qui pèse sur nous, lui est complètement étranger. Et, du reste, comment le connaîtrait-elle? Ses villes, à elle, ne sont-ce pas ou des centres nouvellement formés, ou des cités arabes rajeunies par la civilisation européenne?

Aussi, est-ce à cette jeune, belle et noble Algérie que nous offrons cette étude. C'est à elle que nous voulons conter aujourd'hui une merveilleuse histoire, que les autres nations connaissent bien, mais que la France, seule, a repoussée presque obstinément! Paris, qui nous donne la mode et le ton, mille fois plus encore qu'aux temps de Henri IV, de Louis XIV ou de Napoléon Ier, ce Paris n'a fait qu'en rire longtemps, comme il a ri de la vapeur de Papin! du bateau de *Fulton!* de la locomotive!... qui, selon *M. Thiers*, n'était bonne qu'à aller de Paris à Versailles! comme encore dernièrement il riait... du télégraphe sans fils!

. . . .

Venez donc vous réjouir! vous qui avez souffert! Venez vous reposer, vous qui avez lutté! Venez aimer, ·car tout aime! mais aimez la lumière et non les té nèbres (1) !... V ιez écouter et, si vous entendez la voix de l'espoir ι de la consolation, vous vaincrez et le chagrin et la mort elle-même !

. . . .

Il est une doctrine, née aux sources mêmes de l'histoire et dont on a dit : *Comme les profondeurs du Ciel s'ouvrent aux rayons des étoiles, ainsi les profondeurs de la vie s'éclairent à la lumière de cette vérité* (2).

Cette doctrine s'est transmise d'âge en âge; et de nos jours, en ce moment même, elle a des adeptes et des admirateurs sur les marches du trône le plus puissant du monde, comme parmi vous, habitants de la ville d'Alger. Et voici ce qu'elle affirmait des milliers d'années avant la venue de Notre-Seigneur Jésus-Christ :

Rien de ce qui est ne peut périr, et tout ce qui est est contenu en Dieu ! Aussi... les sages ne pleurent ni les vivants ni les morts ! car jamais je n'ai cessé d'exister, ni toi ni aucun homme! et jamais nous ne cesserons d'être, nous tous ! au delà de la vie présente (3)!... *Longtemps avant qu'elles dépouillent leur enveloppe mortelle, les âmes qui ont pratiqué la vertu, acquièrent la faculté de converser avec ceux qui les ont précédés dans la vie spirituelle* (4).

Connue en Égypte, dans l'Inde, en Grèce, à Rome; connue chez nos ancêtres, les Druides, cette doctrine a traversé le Moyen âge, la Renaissance, le xviiiᵉ siècle; et, au xixᵉ siècle, alors qu'on la croyait éteinte, elle

(1) Hymnes orphiques (Voir Léon Denis, *Après la mort*).
(2) *Krishna* (Voir Léon Denis, *Loc. cit.*).
(3) (4) *Baghavad gita* (Léon Denis, *Loc. cit.*, p. 29).

s'est rallumée en Amérique, où la jeune République
aux treize étoiles s'est empressée de l'adopter.

Que vient-elle nous apprendre à nous qui voyons
se lever l'aurore du xxᵉ siècle ?...

... Il existe, il a existé, de tout temps une force,
longtemps méconnue de notre science officielle. Elle
est partout, elle se trouve dans l'homme lui-même,
qui l'ignore la plupart du temps. Elle peut sortir de
lui, être projetée à distance avec ou sans sa volonté.
Ses manifestations dépassent de beaucoup les effets les
plus curieux de l'électricité, et, pour lui donner un
nom, on l'appelle un *fluide*. Oui, ses effets renversent
toutes nos idées préconçues ; car il a été prouvé que
cette force agit souvent avec intelligence.

... Un pas de plus... cette intelligence, — et cela a
été vérifié par les plus grands savants du monde, —
cette intelligence est souvent complètement indépendante et se produit en dehors de toute intelligence humaine et terrestre.

On a donc été forcé de reconnaître que (moyennant
certaines conditions) *des êtres non terrestres savaient
s'en servir*. Ces êtres se sont enfin montrés à l'aide de
cette force, et ils ont déclaré être les âmes (revêtues
d'un corps fluidique) de ceux que nous avons perdus !
Leur existence a été admise par des hommes qui
n'ont jamais été dépassés comme humaine science !...
Bien plus !... ces êtres ont été reconnus par les leurs !
Enfin, plus d'une fois, ils ont affirmé solennellement
l'existence d'une Cause Première, d'un Pouvoir Suprême, l'existence de Dieu !

. . . .

Eh bien ! c'est l'étude de ces découvertes, c'est

l'étude de cette puissance et des effets variés qu'elle produit que nous voulons exposer aujourd'hui à la jeune
génération algérienne ! Notre dessein est de vous ins-
truire et de vous intéresser à la fois, en faisant passer
sous vos yeux une série de tableaux pris dans les meilleurs auteurs américains et anglais.

Cette étude est d'autant plus intéressante à faire que
l'Orient coudoie ici l'Occident et que les enfants arabes
de la belle France connaissent bien l'antique et mystérieuse doctrine (1). Ils la connaissent transformée,
mutilée peut-être, mais enfin elle leur a été transmise
par les disciples de leur grand prophète, Mahomet,
qui s'est bien gardé, lui-même, de négliger une pareille force. . . . .

Nous n'ignorons pas les objections que nous allons
soulever contre nous ! Mais, si nous devons lutter et
souffrir pour la vérité... cette vérité est si belle et si
consolante, que semblable à l'arbre santal... elle par-
fumera même la hache qui la frappera !

Haut les cœurs !

Levez les yeux !

Partout la moisson est mûre, car les temps sont
venus où la faucille du moissonneur va jeter à vos
pieds les gerbes d'or de la consolation et du bonheur !

(1) Les Arabes ont des séances aussi avancées que les nôtres,
peut-être *plus* avancées.

PREMIER TABLEAU

MINUIT !

Le rideau se lève sur l'intérieur d'un cottage! Nous sommes loin, il est vrai, des champs verdoyants de l'Angleterre; cependant ses arrière-petits-enfants, les hardis colons de la Jeune Amérique, de l'autre côté de l'Atlantique, vont, encore une fois, étonner le monde civilisé.

Mais quels seront les premiers pionniers de cette doctrine qui va se répandre dans les deux hémisphères?

Ah! comme au temps où la foule suivait le charpentier de Nazareth, s'asseyant autour de lui, sur les bords du lac de Tibériade, encore une fois la Bonne Nouvelle va nous venir en premier lieu par les petits et les humbles.

Minuit! Dans la nuit mémorable du vendredi 31 mars 1847:

Voyez! C'est une chambre de jeunes filles qui s'ouvre devant vous, dans le petit bourg d'Hydesville, comté de New-York, États-Unis d'Amérique. Quand je dis jeunes filles... je devrais plutôt dire... des enfants! car je vous présente *Marguerite* et *Catherine Fox*, âgées: l'une de quinze ans, l'autre de douze ans à peine.

Au lieu de dormir du beau sommeil de leur âge, ces jeunes filles sont tout éveillées. Leur chambre est bien éclairée: elles sont assises, chacune dans son petit lit blanc, causant à voix basse et jetant à la ronde des regards craintifs.

Écoutons-les jaser.

Nous apprenons bien vite..... qu'elles viennent de s'installer dans ce village, avec leur père, leur mère et leur sœur aînée Léa..... que la famille vient d'acheter la maison qui les abrite... qu'ils sont tous membres de l'Église épiscopale, tous d'une orthodoxie exemplaire, tous gens respectables et bien pensants... Mais hélas! il paraît que l'on est bien mal tombé comme choix de maison... Le cottage... sans aucun doute... est hanté, car des coups violents, disent ces demoiselles, retentissent, jour et nuit, surtout dans leur chambre et dans le cellier situé au-dessous d'' 'ette chambre — les meubles sont secoués — leurs lits ont remué plus d'une fois et des pas se sont fait entendre. Enfin, pendant les heures nocturnes, quelque chose a touché les pauvrettes, et ce quelque chose, ô horreur! ressemblant à une main froide frôlant les couvertures!

Toutes les recherches faites pour découvrir la cause de ces étranges manifestations sont jusqu'ici restées infructueuses. Le repos de nos héroïnes est troublé régulièrement, et... tout justement... écoutez!

En ce moment même, retentit une volée de coups, plus forts, plus obstinés que jamais!

Aux cris des jeunes filles accourent et leur mère et leur père, tous deux en déshabillé de nuit. Pour la centième fois au moins, M. Fox fait jouer les portes et les fenêtres, afin de s'assurer que le tapage ne vient pas de là. Mais, comme pour se moquer de lui, voici l'invisible frappeur qui s'amuse à imiter le bruit des volets agités par le père de famille!

Enfin Catherine, d'un caractère espiègle et enjoué, se rassure. Poussée par une impulsion irrésistible, tout à coup elle fait claquer gaiement ses doigts et, narguant l'invisible adversaire, s'écrie bravement :

« Sire Pied Fourchu, Sire Pied Fourchu ! Imitez-moi ».

L'effet est instantané. Interpellé de la sorte, l'Invisible Pied Fourchu imite aussitôt, en nombre égal, les claquements de doigts de la petite.

Stupéfaction générale !

Mais Catherine la malicieuse mettant un doigt sur ses lèvres en regardant les siens, Catherine exécute ensuite les mêmes claquements de doigts, *sans faire le moindre bruit.* — Peine perdue !

A ces mouvements silencieux répondent, dans le mur, un nombre pareil de coups.

— « Ah Maman ! Maman ! crie la fillette : Le sire Pied Fourchu voit donc, aussi bien qu'il entend ? » Mⁿᵉ Fox émerveillée dit, à son tour, au mystérieux inconnu :

« Compte dix. »

Il obéit par coups frappés.

— « Quel âge a Marguerite ? » reprend-elle.

15 coups retentissent.

— « Et Catherine ? »

12 coups.

— « Combien ai-je d'enfants ? »

7 coups.

— « Comment !... Ah ! je comprends... et combien de vivants? »

6 coups seulement.

— « C'est bien cela... Êtes-vous un homme? »

Silence complet.

— « Êtes-vous un esprit ? »

Ici retentit une volée de coups bruyants.

— « Et si j'allais chercher une amie, voudriez-vous frapper encore ? »

Coups nombreux.

M. Fox, en bon mari, se précipita aussitôt chez une voisine *Mme Redfield*. — Cette dame se leva, s'habilla en toute hâte et arriva au plus vite.

Elle posa de nombreuses questions au soi-disant esprit, et en reçut, toujours par coups frappés, les réponses les plus justes et les plus exactes.

A son tour, Mme Redfield alla chercher d'autres voisins, et la nuit entière se passa à continuer les expériences avec un succès éclatant.

. . . .

Chers auditeurs... dans ce modeste cottage venait de naître ce qu'on appelle : « *le moderne spiritualisme...!* »

Nous verrons bientôt le sillon qu'il tracera dans les deux mondes.

. . . .

Il restait à découvrir le moyen d'entretenir avec l'esprit (puisque esprit il y avait) des communications suivies et régulières.

Cependant les visites affluèrent au cottage. Ce fut une procession continuelle d'amis, de voisins, de curieux. Un jour, un visiteur estimé, le frère *Isaac Potts*, membre de la secte des *Quakers* (celle qui a donné à l'Amérique tant de hardis pionniers), frère Potts, disons-nous, s'avisa de proposer à l'invisible frappeur le moyen suivant pour communiquer avec lui.

Il récita à haute voix les lettres de l'alphabet, l'une après l'autre, en le priant de désigner celles qui composeraient les mots que l'esprit désirait faire entendre. L'expérience réussit à merveille, le télégraphe spirituel était trouvé et, sauf quelques variantes, c'est ce télégraphe qui fonctionne à l'heure qu'il est dans les deux hémisphères.

Grâce à la découverte du vénérable frère Potts, le frappeur apprit à ses hôtes qu'il était, de son vivant, un pauvre colporteur, qu'il avait été assassiné dans la maisonnette et enterré dans le cellier. Des fouilles furent faites et l'on découvrit dans le cellier quelques débris humains mêlés de charbon et de chaux. Cela fit supposer que jadis on avait dû essayer d'y faire disparaître les traces d'une mystérieuse inhumation.

A la suite de cet événement, les manifestations redoublèrent d'intensité.

On remarqua bientôt que les phénomènes se présentaient surtout en présence de Marguerite et de Catherine Fox.

On constata, chez ces fillettes, comme un peu plus tard chez leur sœur aînée Léa, on constata, disons-nous, dans leur organisme *quelque chose*, qui permettait à l'Esprit de se communiquer facilement.

Positivement, elles lui servaient d'intermédiaires (quoique bien involontairement!) et quelque Précieuse de village leur ayant donné le nom de *médiums* (mot anglais que nous traduirons par *moyens*), cette appellation leur resta et devint bientôt un terme célèbre partout où se parlait la langue anglaise.

Un *médium*, chers auditeurs, est donc une personne douée d'un don spécial, qui lui permet de communiquer elle-même et de faire communiquer les autres avec le Monde Invisible. Ce don paraît consister en une sorte de *fluide* ou de force magnétique, ayant sa source dans l'organisme nerveux. Cependant, en réalité, tout le monde est plus ou moins *médium*, comme tout le monde sait chanter plus ou moins bien. Cette faculté est susceptible de développement et par le travail, et par la puissance magnétique de certaines personnes que l'on appelle alors des *médiums développeurs*. En outre, il y a plusieurs moyens de communiquer avec l'Invisible, par conséquent, plusieurs genres de médiumnités et, par suite, plusieurs catégories de médiums, quoique l'on trouve souvent réunies chez la même personne des médiumnités différentes.

Cependant les phénomènes, comme nous l'avons dit, augmentaient et en nombre et en force. Nos jeunes filles étaient saisies jusque dans leurs lits par des mains solides, qui, sans être indiscrètes, ne se gênaient pas pour les secouer et leur enlever leurs couvertures, si bien que plus d'une fois elles durent camper, pendant le restant de la nuit, sur le gazon du jardin. Tous les membres de la famille étaient du reste en butte aux attaques de l'invisible personnage. N'y tenant plus, ils quittèrent leur village et se réfugièrent dans la ville de Rochester. O surprise ! le colporteur les y suivit... Mais, enchanté du changement (à ce que l'on suppose), il ne les tourmenta plus.

Au contraire, il parut vouloir prendre au sérieux le rôle qu'il faisait jouer à cette famille, si bien que chacun d'eux considéra bientôt comme un devoir de propager la connaissance de ces expériences si curieuses et si intéressantes. Mais alors se produisit un fait inouï. Si un grand nombre de leurs conci-toyens accueillirent leurs révélations avec des trans-ports de joie, d'autres, au contraire (se laissant aller à la jalousie, à la malveillance, à la superstition), trai-tèrent cette famille en plein xixe siècle de la façon la plus odieuse, insultant les parents, ameutant le popu-laire contre ces belles et charmantes enfants! Ils attentèrent même à leurs vies!!! La nouvelle foi reçut ainsi le baptème des persécutions!

C'en était fait!

La Doctrine Secrète était retrouvée!

Le Moderne Spiritualisme était lancé!

DEUXIÈME TABLEAU

LA MEDIUMNITÉ DE LA TABLE OU LA TYPTOLOGIE

Août 1874.

Nous sommes au sud de l'Angleterre, dans une île verdoyante, célèbre par ses villas, ses jardins, ses paysages enchanteurs. Je vous conduis dans une des plus jolies maisons de la petite ville de *Shanklin*, si connue par ses régates où les plus beaux yachts du monde se disputent le prix de la course à la voile.

Entrons dans ce salon, meublé avec toute l'élé-gance et le confort que nos voisins d'outre-mer savent si bien apporter à leur *home!* Voici la large fenêtre encadrant un décor magnifique. Voici le piano ouvert et chargé de musique. Voici la table à thé servie avec tout le luxe de 5 heures de l'après-midi. Peine perdue !

Voyez ces trois personnes gravement assises autour d'un guéridon de bois. Leurs yeux sont rivés dessus, leurs mains placées à plat sur le rebord. Elles se touchent soigneusement, et du pouce et du petit doigt, formant ainsi une chaîne magnétique. Nous vous présentons d'abord les maîtres de la maison, riches et cossus bourgeois, le D\ *Speer* et sa femme, puis enfin leur illustre invité, le R. *Stainton Moses,* professeur à l'Université d'Oxford, bien connu sous son pseudonyme littéraire *Oxon.*

Tous trois sont en villégiature et passent leur temps : d'abord, en se disputant amicalement ; ensuite, en faisant des expériences. Et quelles expériences ? me direz-vous. Ah ! Le révérend professeur n'a que trop entendu parler de la folie à la mode... *les tables tournantes et parlantes !* ...

Aussi il est parti en guerre contre elles ! — n'est-il point *indigné !* — INDIGNÉ ! ! à l'idée que les esprits des morts pourraient revenir converser avec les vivants à l'aide d'une vulgaire table.

Ah ! Fi donc !

(Oxon ne se demande même pas si les pauvres esprits ne choisiraient pas un autre moyen de communication... pour peu que le moyen leur en fût offert).

Du reste, n'est-il pas facile de bien se convaincre de la puérilité de ces soi-disant expériences ?

Les tables volantes ne manquent pas dans ce co-

3

quet intérieur. Avec la permission de la maîtresse de maison, Oxon s'est emparé de la plus solide qu'il a pu rencontrer et c'est ainsi que nous les trouvons réunis tous trois autour du trépied sacré. Le télégraphe spirituel a été légèrement modifié...C'est la table qui, maintenant à l'aide d'un seul pied, frappe les lettres de l'alphabet, un coup pour A, deux coups pour B, trois coups pour C et ainsi de suite. Ce système, une fois en train, est beaucoup plus rapide qu'on ne pourrait le supposer. Bien entendu, il est admis que c'est la force invisible, l'esprit, qui seul met le meuble en mouvement.

. . . .

Dix minutes environ se passent dans le silence et le recueillement... Tout à coup, la table semble frémir ! on dirait qu'elle veut se coller aux doigts des expérimentateurs ! Elle oscille de droite à gauche ! Elle se balance ! Elle tourne ! Elle lève enfin un pied et frappe un coup sec et rapide !...

Aucun soupçon, aucun doute n'est permis, car Stainton Moses sait en quelle compagnie honorable il se trouve.

Y a-t-il quelqu'un là ? demande bravement Oxon, posant la question ordinaire en pareil cas.

Trois coups secs retentissent. Cela veut dire un *oui* très affirmatif, de même que généralement deux coups signifient *non* et quatre coups *attention.* « *Ton nom ?* » continue le révérend.

Abraham Florentine, épelle la table d'une manière violente et agitée. Stupéfaction générale, car aucun des trois n'a jamais entendu parler de ce personnage.

Qui es-tu ?

Le trépied fait des bonds désordonnés : on dirait positivement qu'il est dans une violente colère.

Un vieux soldat, répond-il enfin.

Parle-nous de toi-même.

Ici l'invisible visiteur semble de plus en plus nerveux. La table frappe avec acharnement de son pied indicateur, en racontant ce qui suit :

« Abraham Florentine, vieux soldat américain, a fait la campagne de 1812 sous le drapeau étoilé, et vient de passer de vie à trépas le 5 de ce mois d'août 1874, à l'âge respectable de plus de quatre-vingt-trois ans, dans la ville de Brooklyn, États-Unis de New-York. »

A en juger par sa nervosité, par son agitation, par la manière dont il secoue le guéridon, sa nouvelle situation ne paraît pas trop convenir à notre Abraham.

. . . .

Mais comment vérifier ses assertions ? Certes, mes amis, un Français aurait résolu la difficulté en donnant sa langue aux chats, mais non pas un Saxon !... Après avoir bien réfléchi, Stainton Moses se décida à envoyer le récit de son expérience en Amérique à la *Bannière de la Lumière*, journal spirite fort répandu et très à la mode. Ce journal la publia en appuyant sur le nom célèbre de l'écrivain anglais et demanda des renseignements *urbi et orbi*... Bientôt des lettres arrivèrent au journal, et l'on apprit que ce nom *Abraham Florentine* se trouvait sur la liste des soldats de 1812, ayant demandé des indemnités pour les services rendus dans cette guerre. Enfin le *Général Franklin Townsend* écrivit à son tour à la feuille spiritualiste pour lui apprendre que « Abraham Florentine, soldat de la compagnie du capitaine Nicole, 1er régiment de la Milice de New-York, s'était enrôlé, comme volontaire, à New-York, le 2 septembre 1812».

En dernier lieu, un médecin de Brooklyn, le *Dr Eugène Crowell*, découvrit que, dans cette même ville, la veuve du vieux soldat vivait encore. Il lui rendit visite et elle confirma pleinement tous les renseignements obtenus par la table. Entre autres choses, elle lui dit que son mari avait eu un caractère des plus violents, des plus emportés... ce que l'élégant petit meuble de Mme Speer avait bien su indiquer.

Et ceci nous prouve que l'homme se retrouve sur l'autre rive du Styx avec tout son *Moi*, avec toute son individualité. — Ainsi que l'a dit Florence Marryat, dans un de ses derniers ouvrages :

« *There is no death* (1)*!* »

TROISIÈME TABLEAU

LA MÉDIUMNITÉ DE L'ÉCRITURE EN DEUX PARTIES

1° *L'écriture mécanique*

Un pays tout entier pleure l'un de ses plus illustres écrivains.

La blonde Albion ne peut se consoler de la perte du grand romancier!

L'ami des petits, des humbles, des enfants... *Dickens* les a quittés! Toutes ces jolies figures: *Agnès Dora, Esther, Nellie, la petite Dorrit*, et tant d'autres... Hélas!... elles ont perdu leur père.

(1) Il n'y a pas de mort (titre d'un ouvrage de Florence Marryat).

Dickens n'est plus ici-bas!!!

.   .   .   .

En sommes-nous bien sûrs?

.   .   .   .

Le grand romancier est parti laissant, à moitié fini, un charmant ouvrage intitulé: *le Mystère d'Edwin Drood*. Tout entier le second volume manque, et cependant!... *cependant!...* le voilà publié!!!

.   .   .   .

Quel est donc ce mystère?

.   .   .   .

Sans doute, le vulgaire croit simplement à un manuscrit perdu et retrouvé... mais les privilégiés savent que telle n'est point la vérité. Ils savent, *oui, ils savent*, que ce second volume a été écrit lui aussi par Dickens! Dickens vivant de l'autre côté de la tombe.

.   .   .   .

Et voici comment s'est passée cette étrange aventure.

.   .   .   .   ,   .   .   .

Chers auditeurs, en ce temps-là vivait à Boston un jeune mécanicien nommé James. Son instruction scolaire n'avait pas dépassé la treizième année, et quoique ne manquant pas d'une certaine intelligence, il n'avait, cependant, aucun goût pour la littérature.

Il fut amené, par hasard, dans une société de jeunes gens spiritualistes. Là, il devint bientôt évident, à l'étonnement général, qu'un esprit cherchait à se communiquer par son intermédiaire.

Il voulait s'emparer du bras et de la main du jeune homme pour le forcer à *écrire*, et cela avec une rapidité telle que le *médium* ne savait pas un seul mot de

ce qu'il traçait. Il devenait une simple machine, en
un mot *un médium à écriture mécanique !* Fort
effrayé, notre jeune héros ne se souciait nullement
d'être ainsi favorisé ; mais il fallut céder. Tous se
mirent contre lui; l'Esprit déclara n'être autre que
Dickens lui-même! Dickens, qui faisait choix de ce
jeune inconnu pour terminer son dernier ouvrage.
Dickens! qui se mit enfin à le développer sérieusement,
si bien que la première dictée (en admettant que l'on
puisse parler ainsi), la première dictée eut lieu pendant la veillée de Noël, le jour préféré entre tous par
le grand romancier.

.   .   .   .

Jugez de la tâche du pauvre médium malgré lui !...
Les occupations de son métier lui prenaient déjà dix
heures par jour, et c'est en ces conditions qu'il dut
produire douze cents feuillets de manuscrit !...

Il n'était, cependant, que le secrétaire de l'illustre
écrivain : car tout était de Dickens! le style si person-
nel, si original, si inimitable! l'orthographe même ;
car les mots corrompus dans l'anglais américain
étaient écrits dans le saxon le plus pur. La connaissance topographique de Londres, que Dickens possédait si admirablement, tout, jusqu'à cette innocente
manie d'introduire le nouveaux personnages jusqu'à
la fin du roman: tout portait la griffe et l'empreinte
du génie, si bien qu'à celui qui ne le sait point, il est
impossible de deviner où la coupure de la mort s'est
produite!

Ah ! n'avais-je pas raison de vous le répéter : « Nous
ne cesserons d'être, au delà de la vie présente. »

Je tiens aussi à vous assurer que cette histoire a

reçu le baptême des investigations les plus sérieuses.

Une pléiade de littérateurs et de savants, jaloux de conserver intacte la gloire du grand romancier, étudia, sous toutes ses faces, la merveilleuse médiumnité du mécanicien. — L'histoire de cette étude nous a été racontée, jusque dans ses moindres détails, par Aksakof, le conseiller d'État de l'Empereur de toutes les Russies (Voir Aksakof, *Animisme et Spiritisme*, *p*. 326.)

DEUXIÈME PARTIE

L'ÉCRITURE DIRECTE

Paris ! sous son aspect le plus séduisant ! Paris ! paré des fleurs de son printemps, Paris ! au mois de mai, voilà où je vous conduis maintenant, mes chers auditeurs. Connaissez-vous ces délicieuses boutiques de bric-à-brac parisiens que Balzac a su décrire et qui existent toujours, pour le plus grand dommage de notre argent de poche ?

Eh bien ! le 4 mai 1865, un jeune homme : *M. Léon Bach*, arrière-arrière-petit-fils de Sébastien Bach, le grand compositeur de musique du XVIIIe siècle... M. Léon Bach, dis-je, trouva, dans un de ces petits musées du commerce, un bibelot de grand prix qu'il s'empressa d'acheter et d'offrir à son père.

Ce papa est le héros de notre quatrième conte : âgé de soixante-cinq ans, d'une santé délicate, d'un caractère aimable et gracieux, d'une honorabilité reconnue

et admise de tous ceux qui l'approchaient (n'oubliez
pas ce détail de la plus haute importance). M. Bach
père était, en outre, un musicien des plus distingués.
Le manteau de son ancêtre était tombé sur ses
épaules... Il vivait à Paris, où il avait fait toutes ses
études musicales.

Jugez de sa joie en recevant comme cadeau de son
fils une épinette, véritable bijou artistique, en parfait
état de conservation... Cet amour de petit clavecin
était en chêne rehaussé de sculptures délicates et in-
crusté de turquoises véritables et de fleurs de lys
dorées.

Long de 1ᵐ,5o il était renfermé dans une caisse de
bois qui le protégeait, absolument comme un violon est
protégé par son étui. Il portait et la date suivante
Aprilis, 1564, et le nom de son fabricant *Antonius
Nobilis*, précédés de ces deux mots: *in Româ* (à Rome).

M. Bach, ravi, se coucha le soir, en pensant à son
épinette. Elle lui tenait déjà fort à cœur. Il se doutait
cependant bien peu de la révolution que ce petit
meuble allait apporter dans sa vie et dans ses idées.

Que lui arriva-t-il pendant la nuit ?

Jugez-en par vous-mêmes.

Au milieu de cette nuit mémorable, M. Bach vit
entrer dans sa chambre (soit en rêve, soit en réalité)
un jeune étranger de belle mine et de haute prestance
portant la petite barbiche du XVIᵉ siècle et le costume
élégant, adopté à cette époque par la cour de France.

Cette aimable apparition souleva un toquet orné
de plumes blanches, et s'adressant à M. Bach lui
parla, à peu près, en ces termes :

« Ton épinette fut mienne. J'avais l'habitude d'en

jouer jadis pour distraire le Roy Henry mon maître. Lui-même composa et les paroles et la musique d'une mélodie qu'il se plaisait souvent à chanter pendant que je l'accompagnais sur cette épinette. Il avait composé ce morceau en l'honneur d'une jeune dame qu'il aima passionnément et dont la mort le désespéra. Écoute, je vais te faire entendre cet air, et je prendrai des mesures pour que tu ne puisses l'oublier. »

Et le jeune étranger, s'asseyant devant l'instrument, se mit à jouer et à chanter un air si touchant que M. Bach fondit en larmes ?... A ce moment, il vit l'heure... 2 heures... puis, chose assez surprenante, il s'endormit pendant que cette douce mélodie résonnait encore à son oreille ! . . . .

. . . .

Le lendemain matin, en s'éveillant, M. Bach, à sa profonde surprise, trouva sur son lit une grande feuille de papier à musique. Il s'en empara et constata qu'il tenait entre les mains un curieux manuscrit qui n'était autre qu'une romance, copiée en vieux caractères d'autrefois et intitulée : *Air et paroles du roy Henry III*... M. Bach se précipita hors de son lit et courut à son piano, où il se mit en devoir de déchiffrer la mystérieuse ariette. Point de doute. Musicien accompli, il reconnut, sur-le-champ, l'air et les paroles que le jeune seigneur du xvi⁰ siècle lui avait fait entendre dans la nuit même.

MM. Bach ne cherchèrent nullement à cacher cette aventure. Au contraire, ils la racontèrent avec complaisance à tous leurs amis... Aussi ils ne tardèrent pas à être envahis par une foule de littérateurs, d'artistes, d'antiquaires qui tous, voulaient voir le manuscrit et la délicieuse épinette. Il vint aussi des personnes connaissant la doctrine spiritualiste, et elles suggérèrent à MM. Bach les deux seules explications possibles. Ou bien, M. Bach père avait réellement reçu la visite d'un désincarné matérialisé, ou bien, pendant qu'il dormait, un esprit s'était emparé de sa main et s'en était servi comme d'une machine à écrire. En un mot c'était : ou un très bel exemple d'*écriture directe* (c'est-à-dire de l'esprit écrivant de sa propre main matérialisée), ou bien un exemple d'*écriture mécanique* (c'est-à-dire de l'esprit se servant de la main d'un mortel).

J'avoue pencher pour la première des deux solutions, puisque je l'ai choisie comme sujet de ce conte.

Toujours est-il qu'à force de penser et de rêver à ces mystères, il arriva un beau jour à M. Bach qu'il en récolta la plus belle migraine du monde accompagnée d'un tremblement subit et nerveux du bras.

Alors, il se rappela ce que ses amis spiritualistes lui avaient dit. Il saisit du papier, des crayons, mais à peine les eut-il entre les doigts qu'il perdit complètement connaissance et fut fort étonné, en revenant à lui, de trouver ces mots qu'un esprit avait dû lui faire écrire : « le Roy Henry, mon maître, qui m'a donné l'épinette que maintenant tu possèdes, écrivit un quatrain sur un morceau de parchemin et le fit clouer sur l'étui, un matin, quand il m'envoya l'instrument. Quelques années après (devant voyager et emmener l'épinette), je craignis que le parchemin se trouvât arraché de l'étui et déchiré ; je l'enlevai et, pour plus de sûreté, je le mis dans une petite niche, à gauche du clavier où il est encore. »

MM. Bach furent plongés dans un état nerveux
vraiment inquiétant. Ils n'eurent pas une minute de
repos avant d'avoir visité leur merveilleuse épinette
de fond en comble... A première vue, ils ne trou-
vèrent rien. Enfin, le fils eut l'idée de soulever délicatement le clavier. Ils enlevèrent quelques marteaux
et là, à gauche, on vit, dans le bois, une petite fente,
d'où l'on retira, taché par l'humidité des trois cents
années écoulées, couvert de la poussière des siècles,
un parchemin de 20 centimètres de longueur, de
7 centimètres de largeur, sur lequel était écrit d'une
main virile et nette, le quatrain suivant :

> Moy le Roy Henry III octroys cette espinette
> A Baltasarini, mon gay musicien,
> Mais s'il dit mal sone ou bien ma moult simplette
> Lors pour mon souvenir qu'il garde bien.

Les deux derniers vers signifient :

> Mais s'il la trouve mal sonnante, ou bien très simplette,
> lors pour mon souvenir qu'il la garde bien.

Nous tenons à la disposition des amateurs la gravure et de l'épinette, et des premières lignes de la
romance, paroles et musique, et enfin de l'écriture du
Roy Henry III.

Naturellement, nos heureux musiciens se mirent en
devoir de vérifier cette écriture royale (dont il reste
de nombreux échantillons) et de savants experts parisiens ne tardèrent pas à confirmer l'authenticité de
leur trésor. La romance fut publiée. Nous allons
vous la faire connaître, persuadés que vous trouverez,
comme nous, un charme étrange à ces vers du dernier

roi Valois, adressés à la belle *Marie de Clèves*, princesse de Condé :

REFRAIN

J'ai perdu celle pour qu'y j'avais tant d'amour,
Elle, si belle, avait pour moy, chaque jour,
Faveur nouvelle et nouveau désir :
Oh ouy ! sans elle, il me faut mourir.

PREMIER VERSEI

Un jour, pendant une chasse lointaine,
Je l'aperçus pour la première fois ;
Je croyais voir un ange dans la plaine,
Lors, je devins le plus heureux des Roys !... Mais !

2ᵉ VERSET

Je donnerais certes tout mon royaume
Pour la revoir encore un seul instant.
Près d'elle, assis dessous un humble chaume,
Pour sentir mon cœur battre en l'admirant... Mais !

3ᵉ VERSET

Triste et cloistrée, oh ! ma pauvre belle
Fut loin de moi pendant ces derniers jours.
Elle ne sent plus sa peine cruelle,
Ici-bas, hélas !... Je souffre toujours !... Ah !...

(Le refrain se répète après chaque verset).

L'amour du roy Henry III pour Marie de Clèves est une de ces mystérieuses passions qui relèvent au premier chef des choses occultes... Il l'aimait depuis longtemps (assurent plusieurs biographes), et la différence de religion (car elle était huguenote) fut (disent ces auteurs) la seule raison qui l'empêcha de l'épouser... Mais sa passion ne devait réellement se manifester d'une manière étrange qu'à la suite d'un curieux incident, survenu pendant une fête de la cour. C'était au Louvre, au bal donné par la reine *Catherine de Médicis*, en l'honneur du double mariage de la belle *Margot*, sa fille, avec *Henry*, *roi de Navarre*, et du cousin de celui-ci, le prince *Henry de Condé*, avec la ravissante *Marie*, l'héroïne de ce récit. La jeune Marie, qui était au printemps en fleur de sa vie..., elle avait seize ans..., dansa avec tant de feu et d'ardeur qu'elle dut, tout essoufflée et en nage, se retirer dans une des chambres voisines, servant de vestiaires. Là, ses femmes s'empressèrent autour d'elle, et, voyant l'état de la jeune princesse, elles la déshabillèrent complètement et lui retirèrent sa chemise en fin linon, ornée de broderies, pour lui en passer une autre du même genre.— Peu de temps après, le prince Henry de Valois (plus tard roi de Pologne et roi de France) entra, lui aussi, en ce vestiaire pour se reposer. Il ôta négligemment son masque et avisa par terre un linge fin, tout parfumé de verveine. Pensant que c'était une serviette, avec l'insouciance masculine, il s'en empara et s'en essuya le visage... C'était (nous apprend la chronique) la chemise de la princesse !

. . . .

Alors se produisit (nous dit aussi la chronique) une chose surprenante. Le prince sentit un feu inconnu courir dans ses veines. Une ardeur nouvelle le poussa vers la princesse de Condé. Il se précipita dans le bal, la chercha des yeux et il lui sembla qu'il la voyait pour la première fois ! Elle lui parut mille fois plus belle, et il comprit qu'elle serait l'amour suprême de toute sa vie; amour condamné au malheur et au désespoir, car la princesse était aussi vertueuse que belle, et son mari était à la fois d'une jalousie et d'un despotisme effrénés.

Le lieutenant-colonel de Rochas, dans son livre de l'*Extériorisation de la Sensibilité*, admet, parfaitement le coup de foudre, et l'explique même scientifiquement; mais la légende nous suffit, et nous nous bornerons à constater, que la science ne la repousse point.

Henry, éloigné de sa dame, lui écrivit de Pologne avec son sang. Enfin, la mort de son frère le roi Charles IX, le fit rentrer dans sa patrie au plus vite.

A ce propos, laissez-moi vous rappeler, en passant, la pieuse et consolante devise de ce roi de France qui fut d'abord roi de Pologne... Elle portait trois couronnes avec ces mots en exergue: « La troisième m'attend au ciel!... » Mais, en France, la *fatalité* l'attendait!... Henry était de retour depuis un mois à peine auprès de celle qu'il aimait, quand elle mourut à Paris, en couches, à dix-huit ans! Jamais il ne s'en consola.

Il resta plusieurs jours refusant de manger, enfermé dans un appartement tout de noir tendu, et ne reparut en public que couvert de vêtements de deuil, parsemés de petites têtes de mort. Son désespoir fut tel que, selon l'usage du temps, toute la cour demeura persuadée que la princesse avait employé quelque charme pour enflammer son royal amant.

QUATRIÈME TABLEAU

LA MÉDIUMNITÉ DE L'INCARNATION

CHERS AUDITEURS,

Montez avec nous ce large escalier.

Entrons ensemble dans ces salons magnifiques, pleins de fleurs, de lumières. Ce n'est qu'une réception *intime*, mais une réception chez un homme riche et influent, d'un goût et d'une distinction rares. Nous sommes chez M. le juge *Edmonds*, président du Sénat des États-Unis d'Amérique.

Un courant d'enthousiasme court dans ces salles. De quoi cause-t-on avec tant d'animation ?

Quelle est cette belle jeune femme que tous entourent ? que chacun s'efforce de voir et d'admirer ? C'est la belle *Laure*, la fille unique du président. Habillée de blanc, les cheveux relevés à la grecque, les yeux animés, les gestes vifs, Laure tient tête à plusieurs messieurs et leur parle tantôt en français, tantôt en allemand, tantôt en italien, espagnol, hongrois, latin et même dans les dialectes indiens.

« Eh quoi ! » dit tout bas un ami assis auprès du président, « je croyais que votre fille ne parlait que sa langue maternelle et le français ? »

« Et maintenant, cher ami, » reprend M. Edmonds sur le même ton, « elle parle jusqu'à quatorze langues et les parle couramment. »

« Expliquez-moi donc ce mystère, » réplique son in-
terlocuteur.

Le président raconta alors comment sa fille l'avait
converti, lui, le premier magistrat des États-Unis,
aux idées nouvelles qui bouleversaient le pays.

La belle Laure, sans avoir rien fait pour cela, était
devenue *médium à incarnations*. Elle s'endormait
d'un profond sommeil hypnotique et, alors, une foule
d'esprits, à tour de rôle, s'emparaient de ce corps
charmant et venaient parler aux leurs par cette bouche
divine. Laure, quand elle était éveillée, disait en
plaisantant que souvent, chez elle, le locataire chassait
le propriétaire du logis.

Mais il ne faut pas croire que le juge Edmonds se
fût rendu sans combats.

Il ne s'était incliné que devant des preuves conti-
nuelles ! éclatantes ! ! absolues ! ! !

. . . .

Aussi Laure, qui ne savait que l'anglais et le français, Laure, en cet état de médiumnité, pouvait converser pendant des heures entières *en quatorze langues
différentes*. En outre, ses facultés musicales s'étaient
également développées. Elle chantait avec aisance et
facilité, composant à la fois parole et musique, car
elle improvisait maintenant délicieusement. Bien
entendu, tous ces phénomènes n'avaient lieu qu'en
état de *trance*.

Justement, un riche négociant grec, M. *Évangélidès*,
s'approche en ce moment de la jeune fille.

Il lui parle en sa langue nationale, et la belle Laure
lui répond immédiatement en néo-grec, dont elle ne
sait cependant pas le premier mot... Aussi, on enten-

drait voler une mouche. Pour mieux écouter, chacun retient sa respiration... Cet étrange dialogue durait depuis quelque temps (les deux interlocuteurs causant avec une vivacité égale), quand soudain M. Evangé-lidès fondit en larmes. C'est que la personne invisible avec laquelle il s'entretenait réellement, un *Botzaris*, frère du célèbre patriote *Marco Botzaris*, l'informait, en ce moment même, de la mort d'un de ses fils à lui, Evangélidès.

. . . .

Dix jours après, le riche négociant revenait chez le président du Sénat portant le deuil de ce cher fils dont une lettre lui avait appris la mort quelques jours après la prophétie de Botzaris.

. . . .

Le juge Edmonds jouissait, mes amis, d'une renommée considérable.

Lorsque son attention, par la force des choses, fut attirée sur le Spiritualisme moderne, il le considéra avec tout le scepticisme et l'expérience d'un magistrat habitué à peser la valeur des témoignages humains. Enfin, après une étude des plus consciencieuses, il eut le courage de reconnaître et l'existence des faits, et leur explication spiritualiste.

———

CINQUIÈME TABLEAU

LA MÉDIUMNITÉ DES APPORTS

Cette médiumnité est tellement étrange qu'il me faut, chers auditeurs, la mettre sous un haut patronage ; aussi ce récit vous sera-t-il fait tout entier par Sir Alfred Russell Wallace lui-même.

Sir Alfred Russell Wallace est, vous le savez, le plus grand naturaliste de notre temps; c'est aussi un explorateur bien connu.

Très jeune, il remonta l'Amazone et c'est à lui qu'on est redevable de plus de la moitié de ce que l'on sait sur ce fleuve splendide qui traverse l'Amérique du Sud presque complètement de l'ouest à l'est.

Ensuite, il voyagea pendant quatre ans en Afrique. Au cours de cette longue expédition, il mûrit une des conceptions les plus hardies de la pensée humaine, et bientôt il envoya à sa patrie la *Théorie de l'Évolution des formes*.

Par un des hasards les plus étranges que puisse offrir l'histoire des découvertes, il expédia ce travail à son ami et rival *Darwin*, en le chargeant de le publier. Ce fut un coup de foudre ! *Darwin*, de son côté, avait passé par la même filière intellectuelle. Suivant la même route, il était parvenu au même but, et mettait la main à la dernière page de l'œuvre magnifique connue sous ce titre: *De la tendance des espèces à former des variétés*. Alors s'établit une lutte sublime de générosité entre les deux amis, chacun voulait céder à l'autre l'honneur de la découverte qui allait révolutionner le monde des Penseurs.

Wallace fut vainqueur ! le *Darwinisme* passa à la postérité. Mais partout où l'on connaît la science humaine, l'on sait que cette merveilleuse théorie pourrait aussi s'appeler le *Wallacisme*?...

Tel est l'homme auquel je cède la parole.

Écoutez d'abord sa profession de foi :

« J'étais un matérialiste si parfait et si éprouvé que je ne pouvais, en ce temps, trouver place dans ma pensée pour la conception d'une existence spirituelle, ni pour celle d'aucune autre fonction que ce soit dans l'Univers, que la matière et la force. Les faits néanmoins sont choses opiniâtres. Ma curiosité fut d'abord éveillée par des phénomènes minimes, mais inexplicables constatés dans la famille d'un ami, et mon désir de savoir et mon amour de la vérité m'excitèrent à poursuivre l'enquête.

« Les faits devinrent de plus en plus manifestes, de plus en plus variés, de plus en plus éloignés de tout ce qu'enseigne la science moderne ou de tout ce qu'a discuté la philosophie contemporaine. Ils me vainquirent. Ils me contraignirent à les accepter *comme faits*, longtemps avant que je pusse en admettre l'explication spiritualiste. Il n'y avait pas, alors, dans mon système de pensée, de place dont cela pût s'accommoder. Par lents degrés, une place fut faite. Seulement, cela ne résulta aucunement d'opinions préconçues et théoriques, mais de l'action continue des faits après les faits, sans qu'il fût possible de se débarrasser d'eux par quelque autre moyen que ce soit (1). »

Voici maintenant un exemple d'apport de fleurs raconté par ce grand naturaliste. Je l'ai choisi entre des centaines d'anecdotes du même genre, car on ne m'objectera pas, je pense, que Wallace était facile à duper en cette matière.

(1) Sir Alfred Russell Wallace, *les Miracles et le Moderne Spiritualisme*, traduit de l'anglais, préface, p. iv.

« Le trait le plus remarquable de la médiumnité de miss Nichol (plus tard Mme Guppy) est la production de fleurs et de fruits dans des chambres closes. La première fois que cela eut lieu, ce fut chez moi-même, à l'époque où les facultés de miss N... n'étaient encore que peu développées. Tous les assistants étaient de mes intimes. Le médium était venu d'abord pour le thé, — l'on était au milieu de l'hiver, — et avant que les fleurs apparussent, elle était restée avec nous, quatre heures durant, dans une chambre très chaude et éclairée au gaz. Le fait essentiel est que, sur une table nue, dans une petite pièce close et obscure (la salle voisine et le passage étant bien éclairés), une quantité de fleurs apparurent, qui ne s'y trouvaient pas lorsque nous avions baissé le gaz quelques minutes auparavant.

« C'étaient des anémones, des tulipes, des chrysanthèmes, des primevères de Chine et plusieurs espèces de fougères. Toutes étaient absolument fraîches comme si elles venaient d'être cueillies dans une serre. Un fin givre les recouvrait.

« Pas un pétale n'était brisé ni froissé, pas une des plus délicates pointes ou pinnules des fougères n'était hors de place. Je séchai et conservai tout et y attachai l'attestation que j'avais obtenue de tous les assistants, comme quoi ils n'avaient nullement contribué à apporter les fleurs dans la chambre.

« Je crus à l'époque, et crois encore maintenant, qu'il était absolument impossible à miss N... de les avoir cachées si longtemps, de les avoir gardées si parfaites, et, par-dessus tout, de les avoir recouvertes tout à fait d'une très jolie couche de rosée exactement semblable à celle qui s'amasse à l'extérieur d'un verre à boire lorsque, par une journée brûlante, il est rempli d'eau glacée.

« Des phénomènes similaires ont eu lieu des centaines de fois depuis, en maintes maisons et dans des conditions variées. Parfois les fleurs ont été amoncelées sur la table en amples quantités. Souvent des fleurs et des fruits demandés sont apportés.

· « Un mien ami demanda un soleil, et une de ces fleurs, haute de 6 pieds (1), tomba sur la table, avec une solide masse de terre autour de ses racines (2)!...

SIXIÈME TABLEAU

LA MÉDIUMNITÉ DE LA CLAIRVOYANCE

Histoire de Violette

Ce récit est un des plus curieux que nous puissions vous offrir. Il a été porté à la connaissance de la postérité par *Robert Dale Owen*, écrivain anglais de bonne famille, de bon renom et d'un réel talent.

Quand cette aventure lui arriva, il avait perdu, depuis *quarante ans*, une de ses plus chères affections, une jeune dame d'un caractère charmant, d'un tem-

---

(1) 6 pieds anglais, valant 1ᵐ,824.
(2) Sir A. R. Wallace, *Loc. cit.*, p. 226.

pérament aimable et raffiné, aussi distinguée par le
cœur, par l'esprit, que par les dons de la beauté et
de la fortune. Elle avait reçu l'éducation la plus bril-
lante de son temps, et avait complété son instruction
par de nombreux voyages. Spiritualiste dans l'âme,
au moment de sa mort, elle écrivit à son ami une lettre
par laquelle elle lui promettait, si possible, de revenir
auprès de lui... Jamais il ne parla à personne de cet
épisode de sa jeunesse qui, hélas ! n'eut pas de suites
pendant les longues années le séparant des événements
que nous allons raconter... Pour lui, Violette n'était
plus qu'une fleur flétrie... un doux écho des jours
passés à jamais.

.   .   .   .

En février 1860, il se trouvait aux États-Unis. Son
premier ouvrage, *Footfalls on the boundary of ano-
ther world*, excitait l'attention générale... On l'enga-
gea vivement à en envoyer une copie à une dame B...
propriétaire d'un journal publié à *Cleveland*. Cette
dame tenait aussi un magasin de librairie, et, de plus,
s'intéressait beaucoup aux idées spiritualistes : on la
disait même *médium*.

Il s'empressa de suivre cet avis et reçut quelque
temps après une lettre de Mme B..., lettre qui lui donna
une des plus grandes joies de sa vie. Cette dame lui
écrivait qu'elle avait lu son livre avec un vif intérêt.
Elle ajouta : « Je suis *médium voyant*... Pendant que
je lisais le chapitre intitulé « le Changement à la
mort », je vis paraître tout à coup auprès de moi un
esprit inconnu : c'était une jeune femme charmante.
Elle m'adressa la parole et me dit vous avoir guidé
dans la composition de ce chapitre, et vous avoir

aidé à vous convaincre de l'immortalité de l'âme! »
Ensuite Mme B... faisait une description détaillée de
l'apparition — si bien que Dale Owen reconnut sur-
le-champ sa Violette perdue.

Excité au plus haut point par cette révélation, qui lui
venait d'une ville où jamais ni lui ni Violette n'avaient
mis les pieds..., Dale Owen écrivit à Mme B... par retour
du courrier pour la supplier de s'informer du nom
de l'apparition.

En réponse, il reçut deux lettres, l'une du 27 février,
l'autre du 5 août. Dans la première, le nom de *Violette* lui était donné! Dans la seconde, Mme B... lui ré-
vélait certains détails sur la jeunesse de Violette et
sur la sienne, détails qu'il n'avait confiés à aucune
créature humaine et qu'il croyait ensevelis à jamais
dans le tombeau de son amie!

. . . .

Mais un nouveau bonheur l'attendait!... Quinze
jours après, il faisait visite à un médium nommé
Charles Forster. Une dame Mme P..., bien connue du
monde littéraire, se trouvait aussi chez Forster et fut
témoin des faits qui s'y passèrent.

Le médium causait avec Mme P... quand soudain il
se retourna et dit:

« M. Owen, je vois un esprit auprès de vous. C'est
une jeune dame. Elle tient dans les mains une corbeille de fleurs, et ce ne sont que des violettes! »

Dale Owen demanda alors si la dame ne voudrait
pas leur indiquer son nom à elle.

« Non, » répondit le médium.

« Non, mais elle vient de sortir de sa corbeille *une
belle violette solitaire* et voici qu'elle la dépose au-

près de vous !... Cela vous dit-il quelque chose ? »

« Certainement, » répliqua le visiteur avec empressement, « je comprends parfaitement. »

« Mais, » reprit M. Forster tout dépité, « ce nom, il me le faut à moi, car j'obtiens toujours le nom des esprits. »

A sa requête, parmi un tas de petits papiers blancs (tous d'égale dimension), qui se trouvaient préparés d'avance, Dale Owen prit sept petits papiers sur lesquels, sans en laisser rien voir, il écrivit sept noms dont celui de *Violette*. Toujours, sur la demande du médium, il plaça d'abord son chapeau à lui Owen, par terre, sous la table, puis il saisit la collection entière de petits papiers dans sa main droite et étendit son bras sous la table.

« Esprit, » dit alors le médium, « voulez-vous prendre un de ces petits papiers dans la main de notre visiteur ? et quand cela sera fait, voudrez-vous nous en informer par coups frappés ? »

... Au bout d'une minute, on entendit des coups dans la table. ·

Mme P..., sur l'invitation du médium, ramassa ensuite le chapeau ; et on y vit, au fond, l'un des petits papiers soigneusement plié que l'esprit avait dû y déposer, après l'avoir pris dans la main de Dale Owen...

« Attendez, » dit M. Forster, au moment où elle allait ouvrir sa trouvaille, « laissez-moi faire. »

Il déchira un morceau de papier à lettre blanc et le tint une seconde sous la table, puis, sans le regarder, il le passa à Dale Owen qui, à sa profonde stupéfaction, y trouva inscrit à l'envers, mais en caractères très nets, le nom de *Violette* ! Le médium lui dit alors d'exa-

miner le papier trouvé dans son chapeau mais sans
en rien dire ! C'était bien celui sur lequel Dale Owen
avait écrit lui-même le doux nom de son amie !
M. Forster sourit, et, tout en s'excusant auprès de
Mme P..., il releva vivement et sa manche d'habit et sa
manche de chemise « Regardez, » dit-il en montrant
son bras nu à ses visiteurs.

Et là, imprimé en grandes lettres d'un rose vif, Dale
Owen lut pour la troisième fois en quelques minutes
ce seul mot : *Violette*.

. . . .

7 années passèrent, tombant, une à une, des doigts
du Maître du Destin et de la Vie. Dale Owen le
7 mars 67 se retrouvait à New-York chez un médium
nommé *Anderson*. Ce médium avait la spécialité de
produire des portraits de ceux qu'on avait perdus, sans
avoir même jamais vu ou même entendu parler de
ces personnes. M. Anderson apporta à son visiteur une
grande feuille de papier à dessin, dont celui-ci déchira
sournoisement deux coins le plus irrégulièrement possible afin de pouvoir vérifier plus tard que c'était bien
la même feuille. Sur l'invitation du médium, il regarda
ensuite l'heure à sa montre.

M. Anderson, cela fait, se retira emportant le papier
et Dale Owen resta seul, persuadé qu'on allait lui
servir le portrait de son père, homme bien connu dont
la gravure avait souvent reproduit les traits. Au bout
de 28 minutes tout juste, le médium revint. Il tenait
le papier en main et se mit en devoir de l'épingler au
mur. Dale Owen s'en approcha et vit au crayon — en
buste et grandeur naturelle — le portrait de Violette.
La pose était charmante, les traits même idéalisés, et

la fleur emblême se nichait dans les cheveux et ornait gracieusement les draperies du corsage décolleté. Émerveillé et ravi, Dale Owen fouilla cependant dans sa poche. Il en retira les deux coins déchirés... qui s'adaptèrent parfaitement à la feuille.

. . . .

Notre héros emporta ce trésor et le montra à un artiste-peintre, M. *Carpenter*, en lui demandant son avis sur ce portrait, mais sans lui dire comment il l'avait obtenu.

« Dessin un peu faible, mais gracieux, » dit le peintre, « l'œuvre d'un jeune artiste sans doute ? »

« D'un débutant sans expérience, » répondit Dale Owen. « Et combien de temps faut-il pour faire un portrait de ce genre ? »

« Cela dépend, répliqua M. Carpenter, si l'artiste attrape facilement la ressemblance, — en ce cas, au minimum un jour, mais d'habitude deux jours au moins. »

« Et si je vous disais que l'artiste a fait cela en moins d'une demi-heure ? »

« *Impossible — il n'y a pas un homme sur terre qui puisse le faire.* »

SEPTIÈME TABLEAU

MÉDIUMNITÉ DE LA MATÉRIALISATION EN DEUX PARTIES

PREMIÈRE PARTIE

HISTOIRE D'ESTELLE

M. *Livermore*, un des hommes les plus connus du monde commercial de New-York, perdit en 1860 sa jeune et belle compagne *Estelle*.

Ni lui ni elle ne croyaient aux phénomènes spiritualistes : le sujet leur répugnait.

M. Livermore, lui, ne croyait même pas à la survie !... Mais sur son lit de mort, en face de la douleur de celui qu'elle aimait, Estelle exprima le désir de pou. oir, après sa mort, l'assurer encore de son existence.

Le désespoir de Livermore fut immense. Il se trouvait devant cette Sombre Porte, sur laquelle il voyait écrit :

« Laissez toute espérance, ô vous qui entrez ici !... »

Cependant, le médecin qui avait soigné la jeune femme depuis l'enfance, le Dr *John Gray*, était un des premiers adeptes du Spiritualisme moderne. Il toucha délicatement quelques mots des nouvelles doctrines au mari éploré... mais... il fut reçu par la plus rude des boutades... Sagement, il laissa faire le temps... la consolation avait été semée... elle devait germer. Peu à peu Livermore en vint à *désirer*, puis à *admettre*. Enfin il se décida à interroger lui-même le bon docteur !... Celui-ci se mit aussitôt en quête d'un médium, et le doigt de Dieu lui amena le Pion nécessaire sur l'Échiquier de la vie !!...

Mlle Kate Fox, une des héroïnes de notre lever de rideau... la petite Catherine du cottage d'Hydesville, devenue, sous le nom de Mme *Underhill*, une jeune femme accomplie et un médium célèbre... consentit à donner des séances à Livermore... Elles eurent lieu tantôt chez elle, tantôt chez lui; mais comme ils déménagèrent tous les deux pendant le cours de ces expériences, il s'en suivit qu'elles eurent lieu dans quatre logis différents.

. . . .

Le 23 janvier 1861, Livermore entendit, pour la première fois, les mystérieux coups frappés, puis s'ensuivirent des attouchements, de l'écriture directe, des lumières. Enfin, à la vingt-quatrième séance on vit une forme vague se mouvoir. Trois jours après, on reçut ce message:

« Je vais pouvoir me rendre visible. Réunissez-vous demain soir. Fermez toutes les fenêtres et portes, car je désire que l'épreuve soit complète pour votre bien et celui d'autrui. »

Tout fut organisé comme le désirait l'Esprit. Livermore était seul avec le médium, dont il tenait les mains, et comme moyen de contrôle, et aussi pour constituer la chaîne magnétique... Une tête apparut voilée. On entendit ces mots: « Je suis ici, » puis, un instant, à une lueur étrange, Livermore vit le voile se lever et reconnut les traits de son Estelle!... Mais ce ne fut que le 18 avril 1861 qu'il vit, de la manière la plus complète, la forme entière de sa femme, au moyen d'un éclairage intense de source mystérieuse, dépendant du phénomène lui-même !

Elle resta visible pendant une demi-heure. A un moment, la tête de l'apparition toucha celle de Livermore, et il se trouva couvert de la magnifique chevelure de sa femme, qui pendait dénouée sur ses belles épaules. Il vit même son image se réfléchir dans une glace.

Une autre fois elle lui apparut délicieusement coiffée, une rose blanche dans les cheveux ! Elle était d'une beauté idéale qu'aucune plume ne saurait décrire. La belle épouse se montrait, du reste, de plus en plus distinctement. Un soir, on la vit tout habillée de gaze blanche, ses cheveux ornés de roses et de violettes, et des touffes de mêmes fleurs garnissant son corsage... Elle prit un éventail sur la table et s'en servit avec toute la grâce féminine : ce jour-là, elle resta visible pendant une heure et demie...

Elle n'était pas toujours seule. La figure d'un homme l'accompagnait quelquefois. Il portait le costume de la fin du xviiie siècle. Le Dr Gray et le beau-frère de Livermore, qui assistèrent souvent aux séances, reconnurent le visage populaire de *Benjamin Franklin*, le célèbre politique, le savant physicien, l'inventeur du paratonnerre et le signataire du Traité de l'Indépendance des États-Unis d'Amérique. D'après plusieurs révélations, il fut l'initiateur de l'établissement des rapports réguliers entre ce monde et celui des invisibles (1), au moment où la Doctrine Secrète fut re-

(1) Aksakov, *Animisme et Spiritisme.*

trouvée par les Enfants de la République étoilée !

Enfin Estelle donna une preuve absolue de son identité. L'identité, mes amis, est la chose la plus difficile à prouver. Établissez l'identité d'un Esprit, et vous avez acquis du coup la conviction parfaite. Livermore obtint de sa femme plus de cent communications, plus de cent lettres qu'elle écrivit devant lui, de sa propre main et de sa propre écriture.

Oui : Écriture, expressions, style, tout était le témoignage suprême de son individualité !

En outre, entendez-le bien !... beaucoup de ces lettres étaient écrites *en français*, langue que le médium ignorait complètement, mais que la jeune épouse possédait dans la perfection.

. . . .

Ces superbes manifestations durèrent pendant six années, et comprirent trois cent quatre-vingt-huit séances. Non seulement les deux Esprits se montrèrent complètement, mais encore ils se laissèrent toucher. Ils permirent même l'éclairage humain, d'abord par une lanterne que Livermore dut apporter, puis ensuite par un prosaïque bec de gaz. Ils apportèrent des fleurs délicieuses, mais qui se dématérialisèrent, car ce n'étaient pas des fleurs de la terre (comme Wallace en reçut), mais bien des fleurs du ciel, ainsi que l'attestait un petit billet attaché au bouquet. . . . . . .

. . . .

Enfin, ayant accompli sa mission ici-bas, Estelle cessa de se montrer aux yeux de son époux, mais elle continua à lui envoyer des messages d'amour et de sympathie. Il reçut aussi d'elle trois photographies charmantes, chacune d'une pose différente, sans qu'il ait jamais vu poser l'Esprit.

Tel fut un des plus beaux exemples de matérialisation que l'humanité ait connus.

———————

DEUXIÈME PARTIE

HISTOIRE DE KATIE KING

Cette histoire confond l'esprit humain : il faut s'incliner devant ce récit merveilleux. Non seulement il est mille fois plus complet que le précédent, mais encore il repose sur le témoignage d'une foule de personnes illustres, et sur celui d'un des plus grands savants de notre temps : Sir WILLIAM CROOKES.

Honneur et gloire à ce grand homme !

A Celui qui par ses travaux et ses révélations a porté la consolation dans des milliers de cœurs !!!

A Celui qui a donné au monde les preuves absolues, complètes, matérielles, scientifiques de la Survie ! A Celui qui nous permet de dire, à nous aussi ! hommes du xxıᵉ siècle, comme le disait l'apôtre saint Paul au ıᵉʳ siècle de notre ère :

« *O Mort !! où est ton aiguillon ?* »

« *O Tombe !! où est ta victoire ?* »

Sir William Crookes est un physicien émérite, ses travaux sur la lumière sont célèbres. Il découvrit un nouveau corps simple : le thallium, mais sa découverte la plus célèbre est celle du quatrième état de la matière. Il exhiba la substance du monde dans ce quatrième état à plus de quatre cents personnes, savants et lettrés assemblés à l'Observatoire de Paris et prouva, dans cette fameuse séance, que le vide n'existe pas. Et ce n'est pas tout ce que l'on doit à l'illustre inventeur du radiomètre, car l'on sait que c'est grâce à l'un de ses tubes que l'on put découvrir les rayons X.

Tel est l'homme qui fut chargé par l'opinion publique de vérifier certaines apparitions étranges qui avaient lieu à Londres par l'entremise d'une toute jeune fille et qui révolutionnaient la ville depuis près de deux ans.

Florence Cook était une jolie brune, à la mine éveillée, aux yeux malicieux, aux cheveux bouclés. Elle appartenait à une famille bourgeoise. Dès l'enfance, elle disait voir et entendre des esprits. Enfin, arrivée à l'âge de *Juliette*, elle essaya en famille quelques petites séances, c'est-à-dire qu'on s'asseyait dans l'obscurité en se tenant par les mains et on priait les esprits de se manifester, si esprits il y avait.

Dès la première tentative, des phénomènes curieux eurent lieu : des coups furent frappés ; des chaises furent brisées, et la jeune fille fut soulevée jusqu'au plafond. La force invisible qui se manifestait ainsi s'annonçait comme l'esprit d'une jeune femme : *Katie King*, et déclarait que Florence deviendrait un très grand médium.

Katie King exigea un cabinet noir, où Florence dut se retirer pendant les séances. Ce cabinet fut confectionné tout bonnement avec des rideaux. Puis l'Esprit voulut une bouteille d'huile phosphorescente dont il se servit pour se montrer à l'ouverture des rideaux.

Florence, qui ne dormait pas à ces réunions préliminaires, la vit parfaitement et fut frappée de sa beauté. L'Esprit causait gracieusement avec la petite société. Bientôt elle endormit Mlle Cook d'un sommeil médiumnique des plus profonds. L'assistance dut chanter afin d'unifier les pensées et les volontés, ce qui facilitait beaucoup les phénomènes. Enfin l'Esprit commença à sortir du cabinet et à se montrer en pleine lumière, et, le bruit de ces merveilles s'étant répandu, les séances furent suivies régulièrement par tout ce que Londres renfermait de plus savant et de plus distingué. Devant l'importance et l'étendue des phénomènes, on songea à les contrôler, et cependant miss Florence Cook était à l'abri de toutes les tentations d'intérêt, car dès le début de sa médiumnité, son existence avait été assurée par une donation généreuse de M. *Charles Blacburn* de Manchester.

Le 18 novembre 1873 eut lieu une réunion chez M. *Luxmoore* dans un salon bien éclairé. Florence fut conduite dans le cabinet, les mains attachées par un ruban, dont les bouts cousus ensemble étaient encore retenus par un cachet de cire. On passa ensuite ce ruban autour de sa taille et on l'assujettit solidement à un crampon fixé par terre. Florence s'étendit — s'endormit — et fut laissée seule. Les rideaux furent fermés, ce qui n'empêcha pas, au bout de quelques minutes, la belle Katie de s'avancer dans le salon, vêtue d'un peignoir blanc flottant. Elle consentit à s'asseoir à une table préparée d'avance, puis, prenant un livre, elle posa un papier dessus et, à la requête de M. *Coleman*, elle lui écrivit le billet suivant :

« MON CHER AMI,

« Vous m'avez demandé de vous écrire quelques mots. Je souhaite un grand succès pour votre ouvrage sur le juge Edmonds (1). Ce juge est très bon, il travaille sérieusement; donnez-lui un affectueux souvenir de ma part. Je l'apprécie bien, quoiqu'il ne me connaisse pas. Mon pouvoir diminue et je vous fais mes meilleurs souhaits.

« Je suis votre amie sincère, »

« KATIE KING. »

De son vrai nom : ANNIE MORGAN.

Katie se promena ensuite autour du groupe, donnant la main à chacun. Les dames remarquèrent que son peignoir était composé d'un tissu léger et solide ressemblant à du nansouk. Quatorze personnes constatèrent ce soir-là que l'Esprit était une jeune femme d'apparence gracieuse et distinguée. Elle était si parfaitement naturelle qu'elle se baissa pour ramasser par terre deux feuilles de papier qui étaient tombées par accident

Après la séance, on retrouva Florence endormie et attachée : elle n'avait même pas bougé.

Le Dr *Sexton*, professeur bien connu pour son matérialisme effréné (car il niait toute vie future), voulut, lui aussi, assister à ces réunions. *Il vint, il vit, il fut vaincu.* Sur sa demande, la belle Katie l'embrassa sur le front plusieurs fois, après l'avoir forcé d'aller

(1) Celui dont il a été question dans le 4e récit.

constater dans le cabinet la présence du médium entrancé et enchaîné.

Le Dr *Gully*, praticien habile, directeur de l'établissement des Cures d'Eau du *Great Malvern*, assista, lui, à une superbe séance. Katie s'assit sur une chaise basse au milieu du cercle, et les enchanta tous, en leur faisant entendre, à plusieurs reprises, sa belle voix de *contralto*, dont elle était justement fière.

Elle apprit au docteur que son véritable nom était *Annie Morgan*, et qu'elle était la fille d'un gentilhomme pirate vivant au temps de Charles Ier. Elle-même avait mené une vie qui aurait pu être plus édifiante et s'était désincarnée très jeune, à l'âge de vingt-trois ans. Un des assistants lui ayant demandé si elle avait été mariée, elle répondit que *oui*, mais qu'elle n'aimait pas à parler de cela. Sur ce, un mauvais plaisant ayant ajouté : « Et maintenant, Madame, avez-vous un époux? » elle lui répliqua avec vivacité :

« *Certainement que j'en ai un!* »

Je vous laisse à juger de la stupéfaction générale!

« Pouvez-vous nous parler de l'époque où vous viviez sur la terre? » reprit une troisième personne.

Elle répondit en riant :

« Ah! je me souviens très bien des grands chapeaux pointus du temps de Cromwell et des chapeaux à larges bords que l'on portait sous Charles Ier et Charles II ; les hommes avaient les cheveux courts sous la République, mais Cromwell, lui, les portait longs (1). »

Le prince Émile de Sayn Wittgenstein, aide de camp de S. M. l'empereur de Russie, assista à une

(1) Voir l'*Esprit Katie King*, par un adepte. Leymarie, éditeur.

séance des plus intéressantes dont il envoya le compte rendu à M. Leymarie, éditeur de la *Revue spirite*, à Paris. Voici le portrait qu'il fait de l'Esprit :

« J'avais devant moi une jeune femme idéale, grande, souple, élégante au possible ; sous son voile blanc passaient quelques boucles de cheveux châtains (1) ; sa robe traînante, comme un péplum gracieusement drapé, couvrait entièrement ses pieds ; ses bras ravissants, minces et blancs, étaient visibles jusqu'au-dessus du coude. Les attaches de ce corps sont fines, les mains un peu grandes ont des doigts longs et effilés, roses vers les extrémités ; la figure est plutôt ronde qu'allongée et un peu pâle ; la bouche est souriante, les dents fort belles, le nez aquilin, les yeux bleus fort grands, fendus en amande et frangés de longs cils qui semblent les abriter ; les sourcils sont beaux et finement arqués.

Miss Cook, quoique très jolie aussi, est beaucoup plus petite, ses mains sont menues et il ne peut y avoir de confusion : *ce sont deux personnes distinctes.* L'apparition s'avança vers moi... me regardant avec une sorte de curiosité méfiante, faisant de petits signes de tête coquets et souriants, quand, tout bas, je lui adressais des paroles émues. Devenue plus hardie, elle me demanda mon nom et voulut savoir ce que signifiait la décoration que j'avais sur la poitrine. »

Voici le billet qu'elle donna au Prince (il la suppliait de lui accorder quelques mots de sa main) :

« Mon cher Émile, je n'oublierai pas ma promesse de venir en Allemagne. Je vous reverrai avant peu.

Toujours votre amie,   ANNIE MORGAN. »

(1) Les cheveux de Katie étaient d'un châtain très doré.

On avait enfin songé à obtenir des photographies de la belle Katie. Elle posa très souvent et toujours fort gaiement. L'appareil excitait sa curiosité au plus haut point. Les photographies réussirent admirablement, et elles constituent une des meilleures preuves que Katie et Florence sont réellement deux jeunes femmes bien distinctes, et surtout que Katie est plus jolie encore que Florence — triomphe féminin auquel l'Esprit tenait essentiellement . . . .

Voilà les apparitions que William Crookes se chargea de contrôler scientifiquement.

Elles duraient depuis plus de deux ans quand il partit en guerre contre elles, résolu à percer à fond le mystère.

Mlle Cook offrit d'aller demeurer chez son illustre adversaire. Elle arriva chez lui, à pied, très simplement vêtue, et portant à la main un tout petit sac dans lequel se trouvaient seulement les objets de première nécessité pour sa toilette. Mme Crookes en personne la reçut, et la conduisit, dans sa chambre, où elle la déshabilla complètement et la rhabilla de ses propres mains. De cette manière, Crookes était certain que Florence ne pouvait dissimuler le plus petit truc et, de plus, il est bon de savoir que, pendant tout le temps de son séjour chez M. et Mme Crookes, Florence ne fut pas laissée seule une minute, ni nuit, ni jour !...

· Elle se soumit, du reste, de la meilleure grâce à toutes les précautions exigées d'elle.

William Crookes organisa naturellement avec le plus grand soin sa salle de séances.

Malgré tout, les séances furent plus belles que

jamais! Katie se montra tous les soirs, toujours vêtue de blanc, mais portant chaque fois une toilette nouvelle. Elle découpait généreusement des morceaux de ses robes, et les distribuait aux assistants, car elle n'avait qu'à secouer le tissu pour que le dégât fût réparé instantanément. Elle plaisantait les dames sur la facilité avec laquelle elle raccommodait ses vêtements. On montra un échantillon de leur tissu aux grands marchands *Howell* et *James*, en leur demandant de le réassortir !

Ils répondirent que cette étoffe n'existait pas en magasin et qu'on croyait qu'elle devait être de fabrication chinoise.

Jamais Katie ne fut plus belle, plus éblouissante que pendant ces fameuses séances.

Elle se promenait au bras du grand savant ! Elle lui faisait compter les battements de son cœur... qui ne répondaient pas du tout aux battements de cœur du médium !

Elle le laissait, en tout bien tout honneur, la serrer tendrement dans ses bras ! Elle lui permettait de jouer avec sa magnifique chevelure, de passer ses doigts jusqu'aux racines (afin de s'assurer que ces belles boucles étaient bien à elle !). Elle lui en offrit même une superbe tresse !

Enfin la chronique raconte — *car ceci n'a été écrit nulle part* (c'est une confidence que je vous fais) — la chronique raconte qu'emporté par son zèle William Crookes, qui avait entre ses mains le beau bras nu de Katie, ne pouvant plus y tenir (au lieu de l'embrasser, comme vous vous y attendez certainement), William Crookes saisit une petite lancette qu'il tenait cachée dans sa manche, et *piqua* une de ces belles veines bleues, qu'il voyait courir sous la peau blanche et satinée !... *Et le sang coula*, un sang de rubis, jeune et frais.

La belle, nous a-t-on assuré, ne fit qu'en rire, car elle aimait beaucoup le grand savant !

Elle l'aimait pour sa courtoisie, sa déférence chevaleresque, pour le soin qu'il prenait de ne jamais l'effrayer ! elle l'aimait pour la victoire qu'elle comptait bien remporter sur lui ! pour le triomphe du Spiritualisme sur le Matérialisme !

Aussi elle l'appela dans le cabinet en lui enjoignant d'apporter de la lumière. Florence y était étendue par terre vêtue de velours noir, et, pendant que William Crookes à genoux la touchait d'une main et s'assurait que c'était bien elle, soudain il vit à côté paraître Katie tout en blanc. Il leva la lumière et contempla longuement à tour de rôle les deux jeunes femmes. L'Esprit souriait doucement, car la victoire était bien à elle. A genoux, comme il convient, le grand savant avait reçu la foi. Ainsi donc, la mission de Katie King était terminée. Elle aussi, l'ayant achevée, devait alors, comme Estelle, dire adieu à ses amis pour s'élever dans d'autres sphères d'où elle ne cesserait de veiller sur eux et de leur envoyer, de temps à autre, des preuves de son affection et de son souvenir.

Les adieux de Katie à ses amis en pleurs assemblés autour d'elle eurent lieu le 21 mai 1874, dans une séance mémorable dont le récit touchant nous a été fait par plusieurs des assistants . . . .

. . . .

Voici maintenant, chers auditeurs, les deux preuves scientifiques, obtenues par Crookes, de la réalité de l'apparition de Katie; ce sont ces preuves qui ont sorti le Spiritualisme du domaine de la fantasmagorie et qui l'ont amené sous la claire lumière de la science du xixe siècle.

PREMIÈRE PREUVE

Pour s'assurer que Katie et Florence étaient bien deux personnalités distinctes et indépendantes, pour être certain que, lorsque l'une se montrait hors du cabinet, l'autre y demeurait toujours, William Crookes imagina, de concert avec M. Varley, de faire passer un léger courant électrique à travers le corps du médium pendant tout le temps de l'apparition de la forme matérialisée.

Ingénieur distingué, M. Varley, faut-il le dire? est membre de la Société royale de Londres : il s'est rendu célèbre par la pose du câble transatlantique.

Voici, sommairement décrites, les dispositions que prirent les deux savants pour réaliser leur projet :

Miss Cook ayant été installée dans le cabinet, on fixa, avec du caoutchouc, à chacun de ses bras, un peu au-dessus des poignets, une pièce de monnaie en or à laquelle était soudé un bout de fil de platine. Pour faciliter le passage du courant, on intercala entre la pièce d'or et la peau trois couches de papier buvard épais imbibé d'une solution de chlorhydrate d'ammoniaque. Passant le long des bras auxquels ils étaient attachés par des cordons et remontant jusqu'aux épaules, les fils de platine étaient réunis à des fils conducteurs en cuivre recouverts de coton. Prolongés jusque dans la chambre éclairée où se tenaient

les expérimentateurs, ces fils étaient reliés à une pile
électrique installée dans la chambre et à un galvanomètre placé sur la cheminée à environ $3^m,5o$ du rideau
du cabinet.

Un galvanomètre, vous le savez, est un appareil
enregistreur qui, traversé par un courant électrique,
indique, au moyen d'une aiguille se mouvant sur un
cadran, les moindres variations qui surviennent dans
la force du courant. Cet instrument est si sensible
qu'il enregistre, à plus de 5 kilomètres de distance, le
plus faible courant produit.

Ainsi établi, le courant, prenant naissance dans la
pile, passait par le galvanomètre, par les fils conducteurs, par le corps de miss Cook et retournait ensuite
à la pile.

Avant l'introduction du médium dans le courant,
l'aiguille du galvanomètre marquait une déviation
de 3oo degrés représentant l'intensité du courant produit. Après l'introduction du médium, c'est-à-dire
après l'application, sur les bras de miss Cook, des
deux pièces d'or qui formaient les pôles de la pile,
l'aiguille ne marqua plus que 22o degrés. La force
du courant avait diminué. Le corps du médium intro-
duit dans le circuit offrait donc au fluide électrique
qui le traversait une résistance représentée par 8o divisions du cadran.

Ceci constaté, il est facile de comprendre que le
moindre déplacement des pôles de la pile fixés aux
poignets de miss Cook avait pour conséquence de
modifier la longueur du trajet parcouru par le courant
dans le corps du médium, par suite de changer la
résistance de ce corps au passage du courant et, en

fin de compte, de produire un déplacement de l'aiguille du galvanomètre.

Si, par exemple, on avait remonté jusqu'aux épaules les deux pièces d'or appliquées sur les bras du médium, on aurait raccourci, d'au moins de moitié, le trajet parcouru dans le corps du médium. On aurait ainsi diminué, également de moitié, la résistance offerte par ce corps, et l'aiguille du galvanomètre serait montée de 220 à 260 degrés, par suite de l'accroissement de l'intensité du courant. .

En un mot, le plus petit déplacement des pôles de la pile sur les bras du médium, le plus petit mouvement des mains et du corps de miss Cook devaient être indiqués par les oscillations de l'aiguille du galvanomètre. On en fit, du reste, l'expérience avant que le médium ne tombât en trance. On le pria d'exécuter plusieurs mouvements avec ses bras et l'on constata que les légers déplacements des surfaces métalliques qui en résultaient produisaient des déviations de l'aiguille de 15 à 25 divisions. Par conséquent, si, au cours de la séance, le médium avait fait le moindre mouvement avec les mains, le galvanomètre l'aurait sûrement indiqué.

Tout étant ainsi disposé, on ferma les rideaux du cabinet et le médium se trouva dans l'obscurité, la pièce où se tenaient les expérimentateurs restant éclairée.

C'est dans ces conditions que la figure de Katie apparut plusieurs fois dans la fente du rideau. Elle montra ses deux mains et ses deux bras, puis demanda du papier, un crayon et écrivit sous les yeux des assistants (au nombre de sept). A la fin de la séance, elle prit et serra la main de M. Varley. Pendant tout ce temps, l'aiguille du galvanomètre n'accusa aucune diminution dans la force de résistance du courant. Ce qui démontra *scientifiquement* que, pendant ce même temps, ni les mains ni les bras du médium n'avaient subi le moindre déplacement.

Dans une deuxième séance, on répéta l'expérience ; mais ce fut M. Crookes qui la dirigea seul en l'absence de M. Varley. Il obtint des résultats semblables, tout en ayant pris la précaution de ne laisser aux fils conducteurs que juste assez de longueur pour permettre au médium de se montrer dans l'écartement du rideau, au cas où il se déplacerait.

Cependant Katie s'avança au delà du rideau d'environ 2 mètres à 2ᵐ,50. On put voir qu'elle n'était retenue par aucun fil et l'observation du galvanomètre ne fit constater rien d'anormal à aucun moment. En outre, sur la prière de M. Crookes, Katie plongea ses mains dans un vase contenant une solution d'iodure de potassium, sans qu'il en résultât la moindre oscillation de l'aiguille du galvanomètre. Si les fils conducteurs avaient été en communication avec sa personne, le courant se serait naturellement dirigé par la voie plus courte que lui offrait ainsi le liquide, ce qui aurait occasionné immédiatement une forte déviation de l'aiguille.

DEUXIÈME PREUVE

Dans une autre séance, M. Crookes recommença la même expérience ; mais il y introduisit une variante qui devait lui fournir un autre moyen de vérifier la matérialité et, par suite, la réalité objective de l'apparition. Ce nouvel élément de contrôle avait été imaginé par M. Varley et l'expérience, ainsi modifiée, réussit complètement.

Voici sommairement en quoi elle consistait :

Les appareils électriques ayant été disposés comme précédemment et le courant galvanique traversant le galvanomètre et le corps de miss Cook endormie dans le cabinet, on mit en communication le fil conducteur allant de la pile au médium, et le fil conducteur retournant du médium à la pile, chacun avec un vase rempli de mercure.

Lorsque Katie apparut, on lui demanda de tremper ses doigts dans les vases. Elle le fit aussitôt et ouvrit, ainsi, au fluide électrique, passage à travers son corps, voie beaucoup plus courte pour rejoindre la pile. Mais l'aiguille du galvanomètre n'accusa aucune déviation ; ce qui fournit la preuve que le courant continuait à suivre sa route habituelle, la trouvant plus facile que celle qui lui était offerte ; c'est-à-dire que la résistance qu'opposait au passage du courant le corps de Katie était plus grande que celle des autres éléments du circuit.

Lorsque miss Cook fut réveillée, on la fit sortir du cabinet et, à son tour, elle trempa ses doigts dans le mercure. Mais, cette fois, l'aiguille du galvanomètre subit un déplacement considérable, montrant ainsi que la résistance du corps du médium au passage de l'électricité était beaucoup plus faible que celle du corps de Katie. — M. Crookes parvint même à trouver que cette résistance était cinq fois plus grande chez Katie que chez miss Cook.

N'était-ce pas prouver, encore une fois, scientifiquement, la réalité matérielle de l'apparition et l'individualité de Katie, absolument distincte et indépendante de toute attache avec le médium ?

Aussi, après ces expériences, nous croyons avoir le droit de vous dire, en nous servant des termes mêmes de William Crookes : *Je ne dis pas que cela est possible. Je dis que cela est.*

. . . .

. . . .

Il ne faut pas croire, chers seigneurs et gentilles dames, que l'ère des merveilles se soit terminée avec la rentrée de Katie King dans les coulisses du monde astral !

La chaîne d'or du vieil Homère, qui déroule ses anneaux brillants à travers les siècles, s'est encore allongée de nouveaux chaînons, pendant ces trente dernières années.

Ai-je besoin de vous parler de Mme Florence Marryat, d'une excellente famille catholique, remontant au temps du schisme de Henri VIII ? Elle était d'une piété exemplaire et remplissait avec zèle tous ses devoirs religieux. Aussi voyait-elle souvent son confesseur le P. *Dalgairn*, oratorien de Brompton, homme d'une haute intelligence et d'un grand esprit.

D'après ce qu'elle nous raconte dans son livre : *There is no death,* il est certain que son directeur a dû connaître tous les détails des apparitions de sa fille *Florrie,* qu'elle perdit enfant et retrouva dans sa dix-septième année. Belle et charmante, Florrie sautait sur ses genoux, la couvrait de caresses et lui offrait même des cadeaux, témoin ce chapelet de grande valeur qu'elle lui donna un jour de Noël. Ce chapelet fut reconnu par un de leurs amis, pour être celui qu'il avait déposé dans le cercueil de sa jeune épouse ; et ce jeune homme, lui aussi, passa bientôt du désespoir à la joie suprême.

Ai-je besoin de vous parler de Mme d'Espérance, jeune femme anglaise. du meilleur monde, dont les mémoires, qui viennent d'être traduits en français, constituent une des lectures les plus attachantes de l'année dernière.

Cette jeune dame présente une particularité intéressante comme médium, elle ne s'endort jamais, ce qui ne l'empêche point de produire des matérialisations superbes, au point qu'elle a pu se faire photographier plusieurs fois avec l'esprit matérialisé de la belle *Yolande*.

Enfin ai-je, besoin de vous raconter la conversion toute récente encore qui a fait tant de bruit dans les deux mondes ?

L'Angleterre possédait, dans le Dr Hodgson, un savant d'un matérialisme effréné.

Il s'était attelé, le mot n'est pas de trop, à un médium américain bien connu, Mme *Piper*, et, pendant douze ans, il chercha, par tous les moyens possibles, à la convaincre d'imposture.

Rien n'y fit.

Ce fut au contraire le savant Hodgson qui se trouva battu à plate couture. Il marcha de défaite en défaite, car il dut reconnaître successivement les vérités du magnétisme, de l'animisme et du Spiritualisme !

Le dernier rempart s'écroula dans les conversations qu'il eut avec le fameux *Georges Pelham* (1), jeune avocat fort connu de Boston, mort dans l'impénitence et dans l'incrédulité absolue. Georges Pelham montra le plus profond étonnement, en se retrouvant *lui* et *tout entier* de l'autre côté de la tombe !

Il se manifesta par Mme Piper et donna des preuves telles, et de la *survie*, et de l'*identité* des esprits, et de la *communication entre les deux mondes*, que le Dr Hodgson en abjura publiquement ses erreurs, et se convertit hautement, en nous promettant bientôt un ouvrage de sa main, qui apportera au xxe siècle Foi, Consolation et Bonheur.

En terminant, je voudrais vous faire une observation importante. Si, en cette étude, il est question un peu exclusivement, je l'avoue, des Américains et des Anglais, il ne faut pas en conclure à un nouveau triomphe pour la race saxonne, si habile toujours à s'approprier les bonnes choses et les idées d'autrui.

Non, il faut se rappeler que la couronne britannique abrite deux peuples qui savent se mêler sans se confondre. A côté des Saxons, se trouvent les Celtes, nos frères par le sang et par les goûts et les idées ! nos frères d'Écosse, d'Irlande, de Galles. Et partout où se trouve la race Celtique, là aussi se trouve la médiumnité, car c'est un don royal qui lui est échu en partage.

Ce sont les Puritains d'Écosse, les Martyrs de l'Irlande qui, traversant l'Atlantique, ont apporté avec eux à la jeune République les dons de la médiumnité, de la seconde vue, de l'intuition, ces dons que

_____

(1) Nom de guerre d'une personnalité bien connue.

notre siècle a vu éclore si merveilleusement; c'est ce sang généreux qui a donné enfin la vie au Moderne Spiritualisme.

Eh bien ! Amis, ces dons, ne les possédons-nous pas aussi ? Nous, les descendants des Druides, ne saurions-nous pas, nous aussi, cueillir le Gui Sacré ? Déjà, à Paris, une pléiade de jeunes savants travaille courageusement au triomphe des nouvelles idées. La province aussi se réveille, et partout se forment des groupes pour étudier sérieusement ces surprenantes et merveilleuses manifestations !

Car l'heure solennelle est venue où l'on va pouvoir pénétrer jusqu'aux sources de la vie et de la lumière, où l'on va enfin pouvoir soulever ce voile épais qui recouvre, aux yeux des hommes, les merveilles invisibles. Ah ! n'ai-je donc pas raison de vous répéter une fois encore : « Venez vous réjouir, vous qui avez souffert; venez vous reposer, vous qui avez lutté. Par vos souffrances passées, par l'effort qui vous amène à nous, vous vaincrez ; et si vous croyez aux paroles divines, *vous avez déjà vaincu !* »

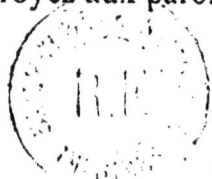

Tours. — Imp. E. Arrault et Cie. — 2-4-00

CHAMUEL ÉDITEUR

PARIS. -- 5, RUE DE SAVOIE, 5. -- PARIS

Ernest Nouffert. — *L'Homme est grand par son esprit.* Fort vol. in-18 de 630 p   4   »

Justinus Kerner. — *La Voyante de Prévorst.* Traduit par le Dr Dusart. Vol. in-8   4   »

Rosen Dufaure. — *Voyage au pays des Idées.* Vol. in-18.   3   »

Albin Valabrègue. — *Almanach de la survie pour 1900.* Broch. de 65 p. 0 75

Claude de Saint-Martin. — *Le Tableau naturel.* Des rapports qui existent entre Dieu, l'Homme et l'Univers. Vol. in-8.   6   »

Th. Darel. — *De la spiritualisation de l'être.* Aperçus philosophiques. Vol. in-18. . . . .   3 50

Senilosa. — *Évolution de l'âme et de la société.* Vol. in-18 . . . .   3 50

Léon Sorg. — *La Lumière de l'Asie.* La vie et la doctrine de Gautama. Vol. in-8   5   »

Bouvéry. — *Le Spiritisme et l'Anarchie.* Vol. in-8 . . . .

Durville. — *Théories et Procédés du magnétisme.* T. I. Vol. in-32 relié.   3   »

— *Théories et Procédés.* T. II. Broch. in-32 de 145 p. avec 8 portraits et 39 fig.   1   »

Papus. — *L'Ame humaine avant la naissance et après la mort.* Broch. in-18. . . . .   1 50

Larmandie. — *Magie et Religion.* Vol. in-18. .   3 50

A. T. — *Chemin de Croix par les Esprits célestes.* Broch. in-18. . . . .   0 75

Constantin Dissesco. — *Psychologie de la malédiction et du blasphème.* Broch. in-18 de 35 p.   0 75

CHAMUEL ÉDITEUR

PARIS. — 5, RUE DE SAVOIE, 5. — PARIS

Urbain Feytaud. — *Le Spiritisme devant la conscience.* Vol. in-18 . . . . 2 50

Giraud. — *Alphabet graphologique.* Broch. in-18. 1 »

— *Dictionnaire de graphologie.* Vol. in-18 avec autographes. . . . . 2 »

Homo. — *Lutte chimérique du diable contre Dieu.* Broch. in-18 . . . . 0 50

Baron de Novaye. — *Guerre et Révolution,* d'après 45 prophéties. Vol. in-18 . . . . 1 50

Eusèbe Barrida. — *L'Électre magique.* D'après le grimoire de Benoît XIV. Broch. in-18 jésus . 1 50

Saturnus. — *Iatrochimie et Electro-Homéopathie.* Vol. in-18 orné de 2 portraits 1 50

Oswald Wirth. — *L'Imposition des mains et la Médecine philosophale.* Vol. in-18 . . . . . . 3 50

Bodisco. — *Traits de lumière.* Preuve matérielle de la vie future. Vol. in-8 . . . . 5 »

2-4-00. — TOURS, IMP. E. ARRAULT ET Cⁱᵉ, 6, RUE DE LA PRÉFECTURE